L'ÉCOLE DES BOURGEOIS,

COMÉDIE

EN TROIS ACTES.

Par MR. D'ALLAINVAL.

VIENNE EN AUTRICHE,
De l'Imprimerie de J. L. N: de CHELEN.

M. DCC. LXI.

ACTEURS.

Me ABRAHAM.

BENJAMINE, Fille de Me. Abraham.

M. MATHIEU, Frere de Me. Abraham.

DAMIS, Cousin & Amant de Benjamine.

UN COMMISSAIRE, } Parens de Me. Abraham.
UN NOTAIRE, }

MARTON, Suivante de Benjamine.

PICARD, Laquais de Me. Abraham.

LE MARQUIS DE MONÇADE.

UN COMMANDEUR, } Amis du Marquis.
UN COMTE, }

M. POT-DE-VIN, Intendant du Marquis.

UN COUREUR du Marquis.

La Scene est à Paris chez Madame Abraham.

L'ÉCOLE DES BOURGEOIS, *COMÉDIE.*

ACTE PREMIER.

SCENE PREMIERE.

MADAME ABRAHAM, BENJAMINE.

MADAME ABRAHAM.

ENfin, ma chere Benjamine, c'est donc ce soir que tu vas être l'épouse de M. le Marquis de Moncade. Il me tarde que cela ne soit déjà ; & il me semble que ce moment n'arrivera jamais.

BENJAMINE

J'en suis plus impatiente que vous, ma mere : car outre le plaisir de me voir femme d'un grand Seigneur, c'est que comme cette affaire s'est traitée depuis que Damis est à sa campagne, je serai ravie qu'à son retour il me trouve mariée pour m'épargner ses reproches.

Me. ABRAHAM.

Est-cé que tu songe encore à Damis ?

BENJAMINE.

Non, ma mere. Mais que voulez-vous! Il est neveu de feu mon pere; nous avons été élevés ensemble : je ne connoissois personne plus aimable que lui ; j'ignorois même qu'il en fût ; je lui trouvois de l'esprit, du mérite : il étoit amusant, tendre, complaisant, je l'aimai aussi.

Me. ABRAHAM.

Qu'il perd auprès de ce jeune Seigneur ! Qu'il est défait ! Qu'il est petit ! Qu'il est mince ! Son mérite paroît ridicule, sa tendresse maussade. C'est un petit homme de Palais, la tête pleine de Livres, attaché à ses Procès, un Bourgeois tout uni, sans manieres, ennuyeux, doucereux à donner des vapeurs.

BENJAMINE.

Vive le Marquis de Moncade ! Le beau point de vue ! Que de légereté ! Quelle vivacité ! Quel enjouement ! Quelle noblesse ! Quelle graces sur le tout !

Me. ABRAHAM.

Les Bourgeoises qui ne sont pas connoisseuses en bons airs, apellent cela étourderies, indiscrétions, impolitesses ; mais cela est charmant ; les femmes de qualité en sentent tout le prix ; & ce sont elles qui les ont mis sur ce pied là.

BENJAMINE.

Que j'ai de graces à rendre à la mauvaise fortune de Monsieur le Marquis !

Me. ABRAHAM.

A sa mauvaise fortune, dis-tu ?

BENJAMINE.

Du moins, ma mere, est-ce au dérangement de ses affaires que je le dois, & sans les cent mille francs qu'il vous devoit, je ne l'aurois jamais connu. Qu'est-ce, Marton ? C'est lui, apparemment ?

SCENE II.

MADAME ABRAHAM, BENJAMINE, MARTON.

MARTON.

MAdame, voilà M. Mathieu qui vient d'entrer.

BENJAMINE.

Mon oncle !

Me. ABRAHAM.

L'incommode visite ! Comment lui déclarer votre mariage ? Cependant il n'y a plus à reculer.

BENJANINE.

Vous craignez qu'il ne goûte pas cette alliance ?

Me. ABRAHAM.

Oui, il a l'esprit si peuple ! J'avois cru qu'en épousant une fille de condition, comme il a fait, cela le décrasseroit ; mais point du tout ; je ne sçai où j'ai péché un si sot frere. Voilà comme étoit feu votre pere.

MARTON.

Oh ! Mademoiselle n'en tient point.

BENJAMINE.

Si vous lui parliez du dédit que vous avez fait avec M. le Marquis ?

Me. ABRAHAM.

Non ; garde-t'en bien.

BENJAMINE.

Il ne donnera jamais son consentement.

Me. ABRAHAM.

On s'en passera. Ne faudroit-il point, parce qu'il plaît à M. Mathieu que vous épousiez son Damis, que vous renonciez à être Marquise, à être l'épouse d'un Seigneur ? A figurer à la Cour ? Vraiment, Monsieur Mathieu, je vous le conseille ; venez un peu m'étourdir de vos raisonnemens ; je vous attends.

MARTON.

Le voilà.

SCENE III.

Me. ABRAHAM, BENJAMINE, M. MATHIEU.

M. MATHIEU.

AH, ah, ah, ah!

Me. ABRAHAM.

Qu'à-t'il donc tant à rire?

M. MATHIEU.

Ma sœur, ma niéce, que je vous régale d'une nouvelle qui court sur votre compte!

M. ABRAHAM.

Sur le compte de Benjamine?

M. MATHIEU.

Oui, Madame Abraham, & sur le votre aussi. Elle va vous réjouir, sur ma parole. On vient de me dire que... Oh! ma foi, cela est fort plaisant.

Me. ABRAHAM.

Achevez donc.

BENJAMINE.

Bas.

Sa gayeté me rassure.

M. MATHIEU.

On vient donc de me dire que vous mariez ce soir Benjamine à un jeune Seigneur de la Cour, à un Marquis. Est-ce que cela ne vous fait pas plaisir?

BENJAMINE.

Pardonnez-moi, mon oncle, puisque cela vous en fait.
à Me. Abraham.
Il le prend mieux que nous ne pensions.

Me. ABRAHAM.

Et qu'avez-vous répondu?

M. MATHIEU.

Quoi! ma sœur, ai-je dit. Oui, votre sœur, votre propre sœur, Madame Abraham. Bon, bon, quel peste de conte! Rien n'est plus vrai. Et non, je ne vous crois point. Quelle aparence! La veuve & la sœur d'un Banquier, & qui fait encore actuellement le commerce elle-même, donner sa fille à un Marquis ? Allons donc, vous vous mocquez. Mais vous ne riez pas, vous autres.

Me. ABRAHAM.

Il n'y a que les impertinens qui en rient.

BENJAMINE.

Je n'y vois rien de risible, mon oncle.

M. MATHIEU.

Ma foi, vous avez raison de vous fâcher toutes les deux, vous avez plus d'esprit que moi ; & j'ai eu tort de prendre la chose en riant ; je ne pensois pas que c'étoit vous donner un ridicule.

Me. ABRAHAM.

Que voulez-vous dire, M. Mathieu, avec votre ridicule ?

M. MATHIEU.

Laissez, laissez-moi faire ; je m'en vais retrouver ces impertinens nouvellistes, & leur laver la tête d'importance.

Me. ABRAHAM.

Qui vous prie de cela ?

M. MATHIEU.

Il vont trouver à qui parler.

BENJAMINE.

Il faut les mépriser.

M. MATHIEU.

Non, morbleu non, votre honneur m'est trop cher.

Me. ABRAHAM.

Quel tort font ils à notre honneur ?

M. MATHIEU.

Quel tort, ma sœur, quel tort ? Si ce bruit se répand, que pensera de vous toute la Ville ? On vous regardera par tout comme des folles.

Me. ABRAHAM.

Et nous voulons l'être. La Ville est une sotte, & vous aussi, Monsieur mon frere.

BENJAMINE.

Est-ce une folie, mon oncle, que d'épouser un homme de qualité ?

M. MATHIEU.

Comment donc ? La chose est-elle vraie ?

BENJAMINE.

Eh! mais, mon oncle.....

Me. ABRAHAM.

Hé bien, oui, elle est vraie.

M. MATHIEU.

Ma sœur!

Me. ABRAHAM.

Eh bien, mon frere! Il ne faut point tant ouvrir les yeux, & faire l'étonné. Qu'y a-t'il donc là dedans de si étrange? Ma fille est puissamment riche; & depuis la mort de son pere, j'ai encore augmenté considérablement son bien: je veux qu'elle s'en serve, qu'il lui procure un mari, qui lui donne un beau nom dans le monde, & à moi de la considération; & jugez si je choisis bien, c'est Monsieur le Marquis de Moncade.

M. MATHIEU.

Y songez-vous? c'est un Seigneur ruiné.

Me. ABRAHAM.

Nul ne sçait mieux que moi ses affaires, mon frere. J'ai des billets à lui pour plus de cent mille francs. C'est un présent de nôce que je lui ferai, & demain il sera aussi à son aise qu'aucun autre de Cour.

M. MATHIEU.

Et Benjamine, y sera-t'elle à son aise? Vous allez sacrifier à votre vanité le bonheur & le repos de sa vie.

Me. ABRAHAM.

Cela me plaît.

M. MATHIEU.

Qu'au moins mon exemple vous touche. Riche Banquier, par un fol entêtement de noblesse, j'épousai une fille qui n'avoit pour bien que ses ayeux; quels chagrins, quels mépris ne m'a-t'elle pas fait essuyer tant qu'elle a vêcu?

Me. ABRAHAM.

Vous les méritiez, aparemment?

M. MATHIEU.

Elle & toute sa famille puisoient à pleines mains dans ma caisse; & elle ne croyoit pas que je l'eusse encore assez payée.

Me. ABRAHAM.

Elle avoit raison; vous ne sçavez pas ce que c'est que la qualité.

Mr.

M. MATHIEU.

Je n'étois son mari qu'en peinture ; elle craignoit de déroger avec moi ; en un mot, j'étois le George Dandin de la Comédie.

Me. ABRAHAM.

Elle en usoit encore trop bien avec vous.

M. MATHIEU.

N'exposez point ma niéce à endurer des méptis.

Me. ABRAHAM.

Des mépris à ma fille, des mépris ! Ma fille est-elle faite pour être méprisée ? Monsieur Mathieu, en vérité, vous êtes bien piquant, bien insultant, pour me dire ces pauvretés en face : il n'y a que vous qui parliez comme cela ; & sur quoi donc jugez-vous qu'elle mérite du mépris ? Qu'a-t'elle, s'il vous plaît, qui ne soit aimable ? Voilà un visage fort laid, fort désagréable ! Je ne sçais, si vous n'étiez pas mon frere, ce que je ne vous ferois point dans la colere où vous me mettez.

BENJAMINE.

Mon oncle, quand Monsieur le Marquis ne seroit pas un galant homme, comme il est, je me flatterois par ma complaisance de gagner son affection.

M. MATHIEU.

Quoi ! vous aussi, ma niéce ? Pouvez-vous oublier ainsi Damis ?

Me. ABRAHAM.

Laissez-là votre Damis. Qu'allez-vous lui chanter ? Qu'il étoit neveu de feu son père ? Elle le sçait bien. Qu'il la lui avoit promise en mariage ? J'en conviens. Que c'est un Conseiller, aimable de figure, plein d'esprit ? Tout ce qu'il vous plaira. Qu'il n'est point comme les autres jeunes Magistrats, dont le cabinet est dans les assemblées & dans les bals ? Tant mieux pour lui. Qu'il aime son métier ? Qu'il y est attaché ? Qu'il cherche à le remplir avec honneur & conscience ? Il ne fait que son devoir.

M. MATHIEU.

Ajoûtez à celà que j'ai promis d'assurer mon bien à Benjamine & que si elle n'est pas à Damis, mon bien ne sera pas à elle.

Me. ABRAHAM.

Hé! gardez-le, Monsieur Mathieu, gardez-le; elle est assez riche par elle-même; & ce seroit trop l'acheter que d'écouter vos sots raisonnemens.

M. MATHIEU.

Je le garderai aussi, Madame Abraham. Adieu, adieu. Et quand je reviendrai vous voir, il fera beau.

Me. ABRAHAM.

Adieu, Monsieur Mathieu, adieu!

SCENE IV.

Me. ABRAHAM, BENJAMINE.

BENJAMINE.

Voilà mon oncle bien en colère contre nous.

Me. ABRAHAM.

Permis à lui.

BENJAMINE.

Vous auriez pû, ce me semble, lui annoncer la chose un peu plus doucement; peut-être y auroit-il donné son agrément.

Me. ABRAHAM.

Et que m'importe?

BENJAMINE.

Je suis au désespoir de me voir brouillée avec lui.

Me. ABRAHAM.

Bon, bon! Ah! Qu'il se défâchera bientôt: il t'aime. Je ne suis pas trop fâchée, moi, qu'il nous boude un peu; cela l'éloignera d'ici pour quelques jours: & je n'aurois pas été fort contente qu'on l'eût vû figurer ici ce soir en qualité d'oncle, parmi les Seigneurs qui viendront sans doute à tes nôces. C'est un assez méchant plat que sa personne. Dieu merci, nous en voilà défaits. Je veux aussi éloigner tous nos parens. Ce sont gens qu'il ne faut plus voir désormais.

SCENE V.

Me. ABRAHAM, BENJAMINE, MARTON.

MARTON.

MIsericorde ! Pour moi, je crois que l'enfer est dechaîné aujourd'hui contre votre mariage : Voilà Damis qui vient par la porte du jardin.

BENJAMINE.

Damis ! quoi ! il est de retour ?

MARTON.

Aparemment.

Me. ABRAHAM.

Va-t'en lui dire qu'il n'y a personne. Mais, non, non, reviens ; il vaut mieux....

MARTON.

Hâtez-vous de vous résoudre, il aproche.

Me. ABRAHAM.

Eh, faut-il tant de façon ? il faut le congédier.

BENJAMINE.

Pour moi, je me retire, je ne sçaurois soutenir sa vue.

Me. ABRAHAM.

Marton nous en défera. *à Marton.* Charge-t'en.

MARTON.

Très-volontiers ; vous n'avez qu'à dire.

Me. ABRAHAM.

Il faut que tu lui donne son congé, mais cela d'un ton qu'il n'y revienne plus.

MARTON.

Oh ! Laissez-moi faire. Je sçai comment m'y prendre ; c'est une partie de plaisir pour moi.

BENJAMINE.

Marton, ne le maltraite point. Renvoye-le le plus doucement que tu pourras. Il me fait pitié.

MARTON.

Rentrez, rentrez.

SCENE VI

MARTON *seule.*

DE la pitié pour un homme de robe ! La pauvre espéce de fille ! Je crois, le Ciel me pardonne, qu'elle l'aime encore ? Mais j'y vais mettre ordre. Oh ! ma foi, il tombe en bonne main : le voilà.

SCENE VII.

DAMIS, MARTON.

DAMIS.

BOn jour, Marton.

MARTON.

Bon jour, Monsieur.

DAMIS.

Comment se porte ma chere Benjamine, & Madame Abraham ma tante ?

MARTON.

Bien.

DAMIS.

Elles vont être bien joyeuses de me voir de retour ?

MARTON.

Oui.

DAMIS.

L'impatience de les revoir m'a fait laisser à ma Terre mille affaires imparfaites.

MARTON.

Il falloit y rester pour les terminer. Elles en auroient été charmées ; & en votre place, j'y retournerois sans les voir.

DAMIS.

Va, folle, va m'annoncer ; je brûle de les embrasser.

MARTON.

Elles n'y sont pas, Monsieur.

DAMIS.

On m'a dit là-bas qu'elles y étoient.

MARTON.

Eh bien, on m'a défendu de faire entrer personne; cela revient au même.

DAMIS.

Va, va toujours. Cette défense à coup sûr n'est pas pour moi.

MARTON.

Pardonnez-moi, Monsieur, elle est pour vous plus que pour personne, pour vous seul.

DAMIS.

Que veux-tu dire? Explique-toi?

MARTON.

Comment, vous n'y êtes pas encore? Vous avez la conception bien dure, cela est clair comme le jour. Je vois bien qu'il vous faut donner votre congé tout crûment. C'est votre faute, au moins. Je voulois vous enveloper cette malhonnêteté dans un compliment; mais vous ne voyez rien, si vous ne le touchez au doigt. Ma maîtresse donc m'a chargé de vous prier de sa part de ne plus l'aimer, de ne plus la voir, de ne plus venir ici, de ne plus penser à elle; bien entendu que de son côté elle vous en promet autant.

DAMIS.

Ah Ciel! Benjamine cesseroit de m'aimer?

MARTON.

La grande merveille!

DAMIS.

Quel crime, quel malheur peut m'attirer aujourd'hui sa haine? Dequoi suis-je coupable à son égard? Que lui ai-je fait?

MARTON.

Hé non, Monsieur Damis, elle ne se plaint point de vous. Mais mettez-vous en sa place. Figurez-vous qu'elle vous aime à la rage. Vous ne lui avez dit jusqu'ici que des douceurs Bourgeoises, qui courent les rues, que chaque fille sçait par cœur en naissant. Il lui vient un jeune Seigneur, un Marquis de la haute volée, il ne pousse point de fleurettes, point de soupirs, il ne parle point d'amour, ou s'il en parle, c'eſt ſans ſembler le vouloir faire, par diſtraction ; mais il étale une figure charmante, il aporte avec ſoi des airs aiſés, diſſipés, libertins, raviſſans ; il chante, il parle en même tems, & de mille choſes différentes à la fois : tout ce qu'il dit n'eſt le plus ſouvent que des riens, que des bagatelles que tout le monde peut dire, mais dans ſa bouche ces riens plaiſent, ces bagatelles enchantent, ce ſont des nouveautés, elles en ont les graces ; il parle d'épouſer, il parle de la Cour, de nous y faire briller..... Hem ? Vous ne dites rien ? Vous voyez bien qu'il n'y a point de femme aſſez forte pour ſe piquer de conſtance en pareil cas.

DAMIS.

Quoi, elle va épouſer un homme de Cour ?

MARTON.

Oui, s'il vous plaît, Monſieur le Marquis de Moncade, & à ſon exemple, moi, je renonce à votre Champagne, vous devez l'en aſſurer : & je vais donner dans l'Ecuyer.

DAMIS.

Monſieur le Marquis de Moncade ? Marton, je n'ai donc plus d'eſpérance ?

MARTON.

Bon ! Il y a un dédit de fait : & c'eſt ce ſoir qu'ils s'épouſent. Auſſi, il falloit que vous allaſſiez à votre Campagne ! Et mort de ma vie, à quoi vous ſert donc d'avoir tant étudié, ſi vous ne ſçavez pas qu'il ne faut jamais donner à une femme le tems de la réflexion ?

DAMIS.

Benjamine infidéle ! Je veux lui parler.

MARTON.

Cela eſt inutile, Monſieur.

DAMIS.

Je veux voir comment elle ſoutiendra ma préſence.

MARTON.

Nous n'entrerez pas.

DAMIS.

Que je lui diſe un mot.

MARTON.

Point. Que ces gens de robe ſont tenaces !

SCENE VIII.

LE MARQUIS DE MONCADE, DAMIS, MARTON.

DAMIS.

MA chere Marton !

MARTON.

Toutes ces douceurs sont inutiles.

DAMIS.

Toi, qui es ordinairement si bonne !

MARTON.

Je ne veux plus l'être.

DAMIS.

Veux-tu me voir à tes genoux ?

MARTON.

Hé ! Levez-vous, Monsieur.

DAMIS.

Non, je vais mourir à tes pieds, si tu es assez cruelle, assez dure, pour me refuser la faveur. . . .

LE MARQUIS *sans être vu, à part.*

Les faveurs!

MARTON.

Que voulez-vous, Monsieur ?

DAMIS.

Tiens, ma chere Marton, voilà ma bourse.

LE MARQUIS.

Oh, oh, diable, diable, il offre sa bourse! Il est ma foi tems que je vienne au secours de la pauvre enfant.

il va se mettre entre Damis & Marton.

DAMIS.

Prens la de grace ?

MARTON *regardant la bourse.*

Il m'attendrit. Monsieur le Marquis !

LE MARQUIS.

Courage, Monsieur, courage ; mais, ma foi, vous ne vous y prenez pas mal.

DAMIS *s'en allant.*

Que je suis malheureux !

LE MARQUIS *l'arrêtant.*

Hé non, hé non, que je ne vous fasse pas fuir. Revenez

donc, Monsieur, revenez donc. Je veux vous servir auprès de Marton; je suis fâché qu'elle vous refuse.

DAMIS.

Ah! Monsieur, laissez-moi me retirer.

LE MARQUIS.

Allez, je vais la gronder d'importance des tourmens qu'elle vous fait souffrir.

SCENE IX.

LE MARQUIS DE MONCADE, MARTON.

LE MARQUIS.

Comment, comment, Marton, tu rebutes ce jeune homme, tu le désespére, tu le consumes? Mais vraiment tu as tort, il est assez aimable. Tu te piques de cruauté? Et fi, mon enfant, & fi, cela est vilain. C'est la vertu des petites gens.

MARTON.

Mais, Monsieur le Marquis.....

LE MARQUIS.

Oh! Quand tu verras le grand monde, tu aprendras à penser, cela te formera.

MARTON.

Avec votre permission.....

LE MARQUIS.

Toi, cruelle! Marton cruelle! avec ces yeux brillans, ce nez fin, cette mine friponne, ce regard attrayant? Je n'aurois jamais cru cela de toi. A qui se fier desormais? Tout le monde y seroit trompé comme moi. Toi, cruelle?

MARTON.

Hé non, Monsieur le Marquis....

LE MARQUIS.

Eh! Tu ne l'es pas? Tant mieux, mon enfant, tant mieux. Je te rends mon estime, ma confiance: cela te rétablit dans mon esprit. Mais, dis-moi, qu'est-ce que ce jeune soupirant? N'est-ce pas quelque petit Avoçat?

MARTON.

MARTON.

Non, Monsieur le Marquis, c'est un Conseiller.

LE MARQUIS.

Un Conseiller ! La peste, Marton, un Conseiller ! Mais, ventrebleu, tu choisis bien, tu as du goût, tu ressembles à ta maîtresse, tu cherches à t'élever, tu ne donnes pas dans le bas, je t'en felicite.

MARTON.

Monsieur le Marquis, vous me faites trop d'honneur. Ce jeune homme est Damis, cousin de ma maîtresse, & ci-devant son amant, à qui je viens donner son congé.

LE MARQUIS.

Damis, dis-tu ? C'est Damis qui sort ? C'est à Damis que je viens de parler ? Ah ! morbleu, je suis au desespoir. Pourquoi diable ne me l'as-tu pas dit ? Je lui aurois fait mon compliment de condoléance. Mais, friponne, tu en sçais long, tu cherches à rompre les chiens : non, non, tu n'y réussiras pas, je ne prens point le change, je l'ai vu à tes genoux, j'ai entendu qu'il te demandoit des faveurs, tu étois interdite, & j'ai surpris un de tes regards qui promettoit. . . . .

MARTON.

Toute la faveur qu'il vouloit de moi, étoit de l'introduire auprès de ma maîtresse.

LE MARQUIS.

Et que ne me le disois-tu ? Je l'aurois introduit moi-même. C'est un plaisir que j'aurois été ravi de lui faire. Tu ne me connois pas. J'aime à rendre service. Benjamine l'a donc aimé autrefois ?

MARTON.

Oui, Monsieur, ils ont été élevés ensemble ; on le lui promettoit pour mari. Le moyen de ne pas aimer un homme, dont on doit être la femme !

LE MARQUIS.

Oui, tu dis bien ; le moyen de s'en empêcher, il est vrai, cela est fort difficile.

MARTON.

Mais ma maîtresse ne l'aime plus, & je viens de lui signifier de sa part de ne plus venir ici.

LE MARQUIS.

Mais, mais cela eſt dur à elle, cela eſt inhumain : Renvoyer, congédier ainſi un ſoupirant pour moi, un jeune homme qu'on aimoit, un mari promis ? Oh !... Et lui, comment a-t'il pris cela ? Comment a-t'il reçu ce compliment ?

MARTON.

Avec déſeſpoir.

LA MARQUIS.

En effet cela eſt deſeſpérant. Je compatis à ſa peine. Mais tu devois bien lui dire pour le conſoler, que c'étoit moi, un Seigneur, Monſieur le Marquis de Moncade, qui lui enlevoit ſa maîtreſſe : Cela lui auroit fait entendre raiſon, ſur ma parole.

MARTON.

Bon ! La raiſon eſt bien faite pour ceux qui aiment.

LE MARQUIS.

A propos, où eſt donc tout le monde ? D'où vient que je ne vois perſonne ? Ni mere, ni fille ? Ne ſont-elles pas ici ? Benjamine eſt-elle encore couchée ? Va l'éveiller.

MARTON.

Elle s'eſt levée dès le matin. Eſt-ce qu'une fille peut dormir la veille de ſes nôces ? Elle eſt toujours ſur les épines.

LE MARQUIS.

Oui, je conçois que ſon imagination a à travailler.

MARTON.

Voilà déjà Madame Abraham.

SCENE X.

MADAME ABRAHAM, LE MARQUIS, MARTON.

Me. ABRAHAM.

HE, Monſieur le Marquis, quoi, vous êtes ici ?

LE MARQUIS.

Vous voyez, depuis une heure.

Me. ABRAHAM.

D'où vient donc que mes gens ne m'avertiſſent pas ? Voilà d'étranges coquins.

LE MARQUIS.

Et je commençois à jurer furieusement contre vous & contre votre fille.

Me. ABRAHAM.

Je vous prie de m'excuser.

Le MARQUIS.

Je vous excuse.

Me. ABRAHAM.

Marton, va auprès de ma fille ; qu'elle vienne au plus vîte ici.

SCENE XI.

MADAME ABRAHAM, LE MARQUIS.

LE MARQUIS.

COmment, diable, Madame Abraham, comment diable ! Je n'y prenois pas garde. Quel ajustement ! Quelle parure ! Quel air de conquête ! Que la peste m'étouffe si vous n'avez encore des retours de jeunesse ; oui, & on ne vous donneroit jamais l'âge que vous avez.

Me. ABRAHAM.

Vous êtes bien obligeant, Monsieur le Marquis.

LE MARQUIS.

Non, je le dis comme je le pense. Quel âge avez-vous bien, Madame Abraham ? Mais ne me mentez pas, je suis connoisseur.

Me. ABRAHAM.

Monsieur le Marquis, je compte encore par trente. J'ai trente-neuf ans.

LE MARQUIS.

Ah ! Madame Abraham, cela vous plaît à dire. Trente-neuf ans ! Avec un esprit si mur, si consommé, si sage, cette élevation de sentimens, ce goût noble, ce visage prudent ? Vous me trompez assurément. Vous avez trop de mérite, trop d'acquis, pour n'avoir que trente-neuf ans. Oh ! ma foi, vous pouvez vous donner hardiment la cinquantaine, & sans crainte d'être démentie.

Me. ABRAHAM.

On s'en fâcheroit d'un autre ; mais il donne à tout ce qu'il dit une tournure si polie.... Monsieur le Marquis, le Notaire a-t'il passé à votre Hôtel pour vous faire signer le Contrat ?

LE MARQUIS *galamment.*

Non, pas encore. Nous signerons ce soir.

Me. ABRAHAM.

J'aurois été charmée que vous y eussiez vû les avantages que je vous fais.

LE MARQUIS.

Hé, Madame Abraham, parlons de choses qui nous réjouissent ; toutes ces formalités m'assomment. Ne vous l'ai-je pas dit ? Je me repose sur vous de tous mes intérêts.

Me. ABRAHAM.

Ils ne sont pas en de méchantes mains, je vous assure.

LE MARQUIS.

Hé, je le sçai.

Me. ABRAHAM.

Je m'y démets entierement à vous de tous mes biens.

LE MARQUIS.

Hé, Madame Abraham, laissons tout cela, je vous prie. Vous verrez tantôt avec Pot-de-Vin mon Intendant : il doit venir, vous vous arrangerez avec lui.

Me. ABRAHAM.

Et voilà en avance une bourse de mille louis, pour faire les faux-frais de vos nôces.

LE MARQUIS *prenant la bourse gracieusement.*

Eh bien, Madame, donnez donc. Etes-vous contente ? En vérité, vous faites de moi tout ce que vous voulez. Je me donne au diable, il faut que j'aye bien de la complaisance.

Me. ABRAHAM.

Il est vrai, mais....

LE MARQUIS.

Encore, Madame, encore ? Vous me persécutez. On diroit que je n'épouse votre fille que pour votre argent. Vous m'ôtez le mérite d'une tendresse désintéressée. Là, Madame Abraham, voilà qui est fini ; parlons de votre fille. Hein ?

Ne la verrons-nous point ? La voilà, peut-être ? Non, c'est un de vos gens.

SCENE XII.

Me. ABRAHAM, LE MARQUIS, UN LAQUAIS.

LE MARQUIS.

Madame, on vous demande.

Me. ABRAHAM.

Qu'est-ce ?

LE LAQUAIS.

Monsieur le Commandeur de. . . .

Me. ABRAHAM.

Qu'il attende.

LE MARQUIS.

Qu'il attende ? Ah, Madame Abraham, cela est impossi. Un homme de condition ? Un Commandeur ?

Me. ABRAHAM.

C'est un emprunteur d'argent ; & je veux quitter le commerce.

LE MARQUIS.

Non pas, non pas. Gardez-le toujours. Cela vous désennuyera, & j'aurai quelquefois le plaisir de vous aller visiter dans votre Caisse. Allez, allez faire affaire avec le Commandeur.

Me. ABRAHAM.

Vous laisserois-je seul vous ennuyer ?

LE MARQUIS.

Non, non, je m'ennuyerai point.

Me. ABRAHAM.

C'est pour un instant ; & j'entends ma fille.

SCENE XIII.

LE MARQUIS *seul.*

LEs sottes gens, Marquis, que cette famille ! Il y auroit, ma foi, pour en mourir de rire ; mais il y a déja huit jours que cette Comédie dure, & c'est trop : heureusement elle finira ce soir : sans cela, je désespérerois d'y pouvoir tenir plus long-tems, & je les envoyerois au diable, eux & leur argent. Un homme comme moi l'acheteroit trop.

SCENE XIV.

LE MARQUIS, BENJAMINE.

LE MARQUIS *tendrement.*

HE ! Venez donc, Mademoiselle ; venez donc. Quoi me laisser seul ici, m'abandonner, faire attendre le Marquis de Moncade ? Cela est-il bien ? Cela est-il joli ? Je vous le demande.

BENJAMINE.

Monsieur le Marquis, je suis excusable. J'étois à m'accommoder pour paroître devant vous ; mais comme je sçavois que vous étiez ici, plus je me dépêchois, moins j'avançois, tout alloit de travers. Je croyois que je n'en viendrois jamais à bout. Cela me désesperoit.

LE MARQUIS *gracieusement.*

C'étoit donc pour moi que vous vous arrangiez, que vous vous pariez ? Je suis touché de cette attention. Vous êtes belle comme un Ange. Je suis charmé de ce que je fais pour vous.

BENJAMINE.

Oui, Monsieur le Marquis ; je ferai mon bonheur le plus doux de vous voir tous les momens de ma vie.

LE MARQUIS.

Hé ! Mademoiselle, vous avez un air de qualité, défaites-vous donc de ces discours, & de ces sentimens bourgeois.

BENJAMINE.

Qu'ont-ils donc d'étrange ?

LE MARQUIS.

Comment ce qu'ils ont d'étrange ? Mais ne voyez-vous pas qu'on n'agit point ainsi à la Cour ? Les femmes y pensent tout différemment ; & loin de s'ensevelir dans un mari, c'est celui de tous les hommes qu'elles voyent le moins.

BENJAMINE.

Comment pouvoir se passer de la vue d'un mari qu'on aime ?

LE MARQUIS.

D'un mari qu'on aime ? Mais cela est fort bien ; continuez, courage. Un mari qu'on aime ? Cela jure dans le grand monde. On ne sçait ce que c'est. Gardez-vous bien de parler ainsi, cela vous décrieroit, on se mocqueroit de vous. Voilà, diroit-on, le Marquis de Moncade ; où est donc sa petite épouse ? Elle ne le perd pas de vûe, elle ne parle que de lui, elle en est folle. Quelle petitesse ! Quel travers !

BENJAMINE.

Est-ce qu'il y a du mal à aimer son mari ?

LE MARQUIS.

Du moins, il y a du ridicule. A la Cour, un homme se marie pour avoir des héritiers ; une femme pour avoir un nom : & c'est tout ce qu'elle a de commun avec son mari.

BENJANINE.

Se prendre sans s'aimer ! Le moyen de pouvoir bien vivre ensemble ?

LE MARQUIS.

On y vit le mieux du monde. On n'y est ni jaloux, ni inconstant. Un mari, par exemple, rencontre-t'il l'amant de sa femme ; Eh ! mon cher Comte, où diable te foures-tu donc ? Je viens de chez toi ; il y a un siècle que je te cherche. Va au logis, va, on t'y attend ; Madame est de mauvaise humeur : Il n'y a que toi, fripon, qui sçache la remettre en joie. Un autre, comment se porte ma femme,

Chevalier ? Où l'as-tù laissée ? Comment êtes-vous ensemble ? Le mieux du monde. Je m'en réjouis. Elle est aimable, au moins ; & le diable m'emporte, si je n'étois pas son mari, je crois que je l'aimerois. D'où vient que tu n'es pas avec elle ? Ah ! Nous êtes brouillez, je gage ? Mais je vais lui envoyer demander à souper pour ce soir, tu y viendras, & je te veux racommoder.

BENJAMINE.

Je vous avoue que tout ce que vous me dites, me paroît bien extraordinaire.

LE MARQUIS.

Je le crois franchement. La Cour est un monde bien nouveau pour qui n'a jamais sorti du Marais. Les manieres de se mettre, de marcher, de parler, d'agir, de penser, tout cela paroît étranger ; on y tombe des nues, on ne sçait quelle contenance tenir. Pour nous, nous y allons de plein pied ; c'est que nous sommes les naturels du pays. Allez, allez, quand vous en aurez pris l'air, vous vous y accoutumerez bientôt ; il n'est pas mauvais. Mais, *lui prenant la main*, allons faire un tour de Jardin : je vous y donnerois encore quelques leçons, afin que vous n'entriez pas toute neuve dans ce pays. *Fin du premier Acte.*

ACTE II.

SCENE PREMIERE.

MARTON, M. POT-DE-VIN.

MARTON.

Monsieur Pot-de-Vin, je viens de vous annoncer à Monsieur le Marquis de Moncade, & il va venir.

POT-DE-VIN.

Je vous suis bien obligé, Mademoiselle Marton.

MAR-

MARTON.

Monsieur Pot-de-Vin, vous le connoissez donc, Monsieur le Marquis de Moncade?

POT-DE-VIN.

Si je le connois? Vraiment, je le crois, j'ai l'honneur d'être son Intendant.

MARTON.

Son Intendant? Quoi? Vous ne l'êtes donc plus de ce Président chez qui nous nous sommes vûs autrefois?

POT-DE-VIN.

Fi donc; Mademoiselle Marton, fi donc! un homme de robe? Est-ce une condition pour un Intendant? Ce Président ne devoit pas un sol, il payoit tout comptant, tout passoit par ses mains; point de mémoires, pas le moindre petit procès: il n'y avoit pas de l'eau à boire pour moi dans cette maison, je n'y faisois rien, je me rouillois. J'y perdois mon tems & ma jeunesse; j'y enterrois le talent qu'il a plu au Ciel de me donner.

MARTON.

Chez Monsieur le Marquis, je crois que vous le faites bien valoir le talent?

POT-DE-VIN.

Oh! ma foi, parlez-moi d'un grand Seigneur pour avoir un Intendant. Quelle noblesse chez eux! Quelle générosité! Quelle grandeur d'ame! Dès qu'on veut ouvrir la bouche pour leur parler de leurs affaires, ils baillent, ils s'endorment, ils regardent comme au-dessous d'eux d'y penser seulement: C'est un tems qu'on vole à leurs plaisirs, on ne leur rend aucun compte, ils n'entrent dans aucuns détails: & Monsieur le Marquis pousse ces belles manieres plus loin qu'aucun autre. Chez lui je taille, je rogne tout comme il me plaît; j'afferme ses Terres, je casse les Baux, je diminue les loyers, j'abbâts, je plante, je vends, j'achete, je plaide, sans qu'il se mêle de rien, sans qu'il le sçache.

MARTON.

Vous le ruineriez, je gage, sans qu'il s'en aperçût.

POT-DE-VIN.

Justement. Mais je suis honnête homme.

MARTON.

Bon ! A qui le dites-vous ? Est-ce que je ne vous connois pas ?

POT-DE-VIN.

Ah ! que Madame Abraham a d'esprit ! Que c'est une femme bien avisée, bien prudente ! Elle fait là une bonne affaire de donner sa fille à Monsieur le Marquis, & entre nous, Mademoiselle Marton, elle doit m'en avoir quelque obligation.

MARTON.

A vous, Monsieur Pot-de-vin ?

POT-DE-VIN.

Oui, oui, à moi, & si je disois un mot, quoique la chose soit bien avancée, je la ferois manquer.

MARTON.

Comment donc !

POT-DE-VIN,

Depuis que le bruit s'est répandu que Monsieur le Marquis épouse Mademoiselle Benjamine, dans toutes les rues où je passe, je suis arrêté par un nombre infini de gros Financiers & d'Agioteurs. Eh ! Monsieur Pot-de-Vin, me disent-ils, mon cher Monsieur Pot-de-Vin, j'ai une fille unique, belle comme l'Amour, & des millions ! .... Messieurs, il n'est plus tems, j'en suis fâché. Monsieur le Marquis a fait un dédit. Eh ! Nous le payerons avec plaisir, nous l'acheterons tout ce qu'il vaudra, Monsieur Pot-de-Vin, voilà ma bourse, Monsieur Pot-de-Vin, voilà mille Louis, prenez, livrez-nous sa main, qu'il épouse ma fille, vous le pouvez si vous voulez ; au moins parlez-lui de nos richesses.

MARTON.

C'est-à-dire, qu'il ne se donne qu'au plus offrant & dernier encherisseur. Et vous les rebutez tous ?

POT-DE-VIN.

Je vous en réponds ; il ne manquent pas de me dire : ah ! Madame Abraham vous a mis dans ses intérêts ? Non, Messieurs, elle ne m'a encore rien donné. Cela n'est pas possible, Monsieur Pot-de-Vin, elle sent trop le prix du service que vous lui rendez, elle doit le payer au poids de l'or : je ne suis pas intéressé, Messieurs ; Mademoiselle

Marton, ne manquez pas de faire valoir à Madame Abraham mon desintéressement.

MARTON.

Non, non, j'en aurai soin.

POT-DE-VIN.

Dites-lui bien que si Monsieur le Marquis sçavoit cela; peut-être changeroit-il de visée; mais que je me garderai bien de lui en ouvrir la bouche.

MARTON.

Ah! Monsieur Pot-de-Vin, Monsieur Pot-de-Vin, que vous êtes bien nommé.

POT-DE-VIN.

Ce mariage ne vous fera pas de tort; votre compte s'y trouvera. Mademoiselle Marton, Monsieur le Marquis inspirera la générosité à son épouse. Vous verrez vos profits croître au centuple, & vous connoîtrez la différence qu'il y a de servir la femme d'un Seigneur, ou celle d'un Bourgeois.

MARTON.

Voici Monsieur le Marquis, je vous laisse avec lui.

SCENE II.

LE MARQUIS, POT-DE-VIN.

LE MARQUIS.

EH bien, qu'est-ce? Qu'y a t'il de nouveau, Monsieur Pot-de-vin? Quoi? Me venir relancer jusqu'ici? En vérité, vous êtes un terrible homme, un homme étrange, un homme éternel, une Ombre, une Furie attachée à mes pas? Çà, parlez donc, que voulez-vous? Qui vous amene?

POT-DE-VIN.

Monsieur le Marquis, c'est par votre ordre que je viens ici.

LE MARQUIS.

Par mon ordre? Ah, oui, à propos, vous avez raison, c'est moi qui vous l'ai ordonné, je n'y pensois pas, je l'avois oublié ; j'ai tort. Monſieur Pot-de-Vin, c'eſt ce ſoir que je me marie.

POT-DE-VIN.

Monſieur le Marquis, je le ſçais.

LE MARQUIS.

Vous le ſçavez donc ? Et tout eſt-il prêt pour la ceremonie, mes équipages ?

POT-DE-VIN.

Oui, Monſieur le Marquis.

LE MARQUIS.

Mes Caroſſes ſont-ils bien magnifiques ?

POT-DE-VIN.

Oui, Monſieur le Marquis ; mais le Caroſſier. . .

LE MARQUIS.

Bien dorés ?

POT-DE-VIN.

Oui, Mouſieur le Marquis ; mais le Doreur. . .

LE MARQUIS.

Les Harnois bien brillans ? . . .

POT-DE-VIN.

Oui, Monſieur le Marquis ; mais le Sellier. . .

LE MARQUIS.

Ma livrée bien riche, bien leſte, bien chamarrée ? . . .

POT-DE-VIN.

Oui, Monſieur le Marquis ; mais le Tailleur, le Marchand de Galon. . .

LE MARQUIS.

Le Tailleur, le Marchand de Galon, le Doreur, le Diable ? qui ſont tous ces animaux-là ?

POT-DE-VIN.

Ce ſont ceux. . . . .

LE MARQUIS.

Je ne le connois point, & je n'ai que faire de tous ces gens-là. Voyez, voyez avec eux ; & avec Madame Abraham.

POT-DE-VIN.

Mais, Monſieur le Marquis. . . .

LE MARQUIS.

Oui, voyez avec eux. N'entendez-vous pas le François ?

Cela n'eſt-il pas clair ? Arrangez-vous ; ce ſont vos affaires.

POT-DE-VIN.

Avec la permiſſion de Monſieur le Marquis...

LE MARQUIS.

Avec ma permiſſion ? M. Pot-de-Vin, vous êtes mon Intendant, je vous ai pris pour faire mes affaires. N'eſt-il pas vrai que ſi je voulois prendre la peine de m'en mêler moi-même, vous me ſeriez inutile, & que je ferois fou de vous payer de gros gages ? Vous ſçavez que je ſuis le meilleur Maître du monde, j'en paſſe par-tout où il vous plaît : je ſigne tout ce que vous voulez, & aveuglément, je ne chicane ſur rien ; du moins, uſez en de même avec moi ; laiſſez-moi vivre, laiſſez-moi reſpirer.

POT-DE-VIN *tirant un papier de ſa poche.*

Monſieur le Marquis, voici mon dernier mémoire, que je vous prie d'arrêter.

LE MARQUIS.

Vous continuez de me perſécuter : arrêter un mémoire ici ? Eſt-ce le tems ? le lieu ? Eh nous le verrons une autre fois.

POT-DE-VIN.

Il y a une ſemaine que vous me remettez de jour à autre. Je n'ai que deux mots.

LE MARQUIS.

Voyons donc ; il faut me défaire de vous.

POT-DE-VIN.

Il lit.

Mémoire des frais, miſes & avances faits pour le ſervice de Monſieur le Marquis de Moncade, par moi Pierre-Roch Pot-de-Vin, Intendant de mondit Sieur le Marquis...

LE MARQUIS.

Eh ! laiſſez là ce maudit préambule.

Il ſe jette dans un fauteuil.

POT-DE-VIN.

Premiérement...

Le Marquis ſiffle, & Pot-de-Vin s'arrête.

LE MARQUIS.

Continuez, continuez, je vous écoute.

POT-DE-VIN.

Pour un petit dîner que j'ai donné au Procureur, à sa maîtresse, à sa femme, & à son clerc, pour les engager à veiller aux affaires de Monsieur le Marquis, cent sept livres.

LE MARQUIS *se leve, & repete deux pas de Ballet.*

POT-DE-VIN.

Item, pour avoir mené les susdits à l'Opéra, voiture & rafraichissemens y compris, soixante-huit livres onze sols six deniers.

LE MARQUIS *chante.*

C'est trop languir pour l'inhumaine.
C'est trop, c'est trop....

POT-DE-VIN.

Pardonnez-moi, Monsieur le Marquis, ce n'est pas trop : en honnête homme, j'y mets du mien.

LE MARQUIS *riant.*

Eh ! qui diable vous conteste rien, M. Pot-de-Vin ? je n'y songe seulement pas. Quoi ? Voulez-vous encore m'empêcher de chanter ? C'est un autre affaire. Achevez vîte.

POT-DE-VIN.

Item, pour avoir été Parrain du fils de la femme du Commis du Sécretaire du Raporteur de Monsieur le Marquis, cent quinze livres. Item....

LE MARQUIS *lui arrachant son mémoire.*

Eh ! Morbleu, donnez. Item ! Item ! Quel chien de jargon me parlez-vous là ? Donnez ; j'ai tout entendu, j'arrête votre mémoire. Votre plume. Voilà qui est fait. Doresnavant, je serai contraint de vous faire une trentaine de blancs signez, que vous remplirez de vos comptes, afin de n'avoir plus la tête rompue de ces balivernes.

SCENE III.

LE MARQUIS, LE COMMANDEUR, M. POT-DE-VIN.

LE COMMANDEUR.

MOn cher Marquis ?

LE MARQUIS *courant à l'embrassade.*

Ah, c'est toi, gros Commandeur ? Allez, allez, M.

Pot-de-vin, ayez foin de tout ce je vous ai ordonné, & revenez bientôt voir Madame Abraham.

SCENE IV.

LE MARQUIS, LE COMMANDEUR.

LE COMMANDEUR.

AH! Marquis, Marquis! je t'y prends avec M. Pot-de-vin chez Madame Abraham! Je te devine mon cher, le fait eft clair, tu viens emprunter....

LE MARQUIS.

Moi, emprunter? Fi donc, Commandeur, fi donc! Pour toi, ta vifite n'eft point équivoque, je t'ai entendu annoncer.

LE COMMANDEUR.

Je fuis de meilleure foi que toi, Marquis. Il eft vrai, je viens de faire affaire avec elle, Ah quelle femme! Quelle femme.

LE MARQUIS.

Comment donc?

LE COMMANDEUR.

J'aimerois mieux mille fois avoir traité avec feu fon mari, tout Juif qu'il étoit. Elle m'a vendu de l'argent au poids de l'or: c'eft la femme la plus arabe, la plus grande friponne, la plus grande chienne....

LE MARQUIS.

Doucement, Commandeur, doucement, menagez les termes, ayez du refpect, mon ami, n'injuriez point Madame Abraham devant moi.

LE COMMANDEUR.

Et quel intérêt t'avifes-tu d'y prendre? Je t'ai entendu affez bien jurer contre elle; & cela il n'y a pas plus de huit jours.

LE MARQUIS.

Oui, j'en penfois comme toi; mais les chofes ont bien changé.

LE COMMANDEUR.

Je ne te comprens pas.

LE MARQUIS.

Elle va être ma belle-mere.

LE COMMANDEUR.

Ta belle-mere ?

LE MARQUIS *riant*.

Oui, mon cher Commandeur, j'épouse sa fille ; j'épouse sa fille.

LE COMMANDEUR.

Allons donc, Marquis, tu te moques, tu es un badin.

LE MARQUIS.

Non, la peste m'étouffe.

LE COMMANDEUR.

Tu l'épouses? Là, là serieusement ?

LE MARQUIS.

Oui, très-serieusement.

LE COMMANDEUR.

Par ma foi, cela est risible. Ah, ah, ah !

LE MARQUIS.

N'est-il pas vrai ? Mais je suis las de traîner ma qualité, je veux la soutenir, j'épouserois le diable, Madame Abraham même : elle achete l'honneur de porter mon nom deux cens mille livres de rente.

LE COMMANDEUR.

Ventrebleu, Marquis, c'est assez bien le vendre & je ne te dis plus rien. Dieu sçait combien tu vas te rejouir quand tu te seras un peu familiarisé avec les espéces de l'Usuriere. Ton Hôtel va devenir le rendez-vous de tous les plaisirs ; Mais, dis-moi, Madame Abraham est fine, ne s'en dédira-t'elle point ?

LE MARQUIS.

Bon, bon, je la tiens. Elle est aussi folle de moi que sa fille ; & elles viennent de donner le congé à Damis, un petit Conseiller neveu de feu Monsieur Abraham, que Benjamine aimoit ci-devant.

LE COMMANDEUR.

C'est déjà quelque chose.

LE MARQUIS.

Et elle avoit à moi plus de cent mille francs de billets ; elle m'a fait un dédit de la même ſomme.

LE COMMANDEUR.

Fort bien ; elle craignoit que tu ne lui échapaſſes.

LE MARQUIS.

Juſtement.

LE COMMANDEUR.

Elle eſt prévoyante. A quand la nôce ?

LE MARQUIS.

A ce ſoir.

LE COMMANDEUR.

Oh ! Ma foi, je m'en prie : je t'amenerai compagnie ; & je m'aprête à rire.

LE MARQUIS.

Venez, venez, venez tous ; venez vous divertir aux dépens de la noble parenté où j'entre : bernez-les, bernez-moi le premier, je le mérite. Madame Abraham, par vanité, veut éloigner ſes Parens de la nôce.

LE COMMANDEUR.

Oh ! Morbleu, qu'ils en ſoient ; Marquis, où je n'y viens pas.

LE MARQUIS.

Va, tu ſeras content.

LE COMMANDEUR.

Ce ſont, ſans doute, des Originaux qui nous réjouiront.

LE MARQUIS.

Oui, oui, des Originaux, tu l'as bien dit, tu les définis à ravir. Il ſemble que tu lés connoiſſes déja, des Procureurs, des Notaires, des Commiſſaires !

LE COMMANDEUR.

Encore une Fête que je me promets ; c'eſt quand ta petite épouſe paroîtra la premiere fois à la Cour : oh ! morbleu ; quelle Comédie pour nos femmes de qualité ?

LE MARQUIS.

Elles verront une petite perſonne embarraſſée, qui ne ſçaura ni entrer, ni ſortir, ni parler, ni ſe taire, qui ne ſçaura que faire de ſes mains, de ſes pieds, de ſes yeux, & de toute ſa figure.

LE COMMANDEUR.

Oh ! Elles te devront trop, Marquis, de leur procurer ce divertissement.

LE MARQUIS

Ne manque pas de leur annoncer ce plaisir.

LE COMMANDEUR.

Laisse-moi faire. Bien plus, je veux être son Ecuyer ; son Introducteur le jour qu'elle y fera son entrée. N'y consens-tu pas ?

LE MARQUIS.

Hé, mon cher, tu es le maître. Mais je veux te la faire connoître. Bon, elle vient à propos.

SCENE V.

LE MARQUIS, LE COMMANDEUR, BENJAMINE.

LE MARQUIS.

APprochez, Mademoiselle, voilà Monsieur le Commandeur qui veut vous faire la révérence.

LE COMMANDEUR.

Comment, comment, Marquis, une grande Demoiselle ; bien faite, bien aimable, bien sage, bien raisonnable ? Ah ! Vous êtes un fripon, vous me trompiez, mon cher, vous ne m'aviez pas dit cela.

BENJAMINE.

Vous êtes bien honnête, Monsieur le Commandeur.

LE MARQUIS.

Là, tout de bon, qu'en penses-tu ? Regarde la bien ; examine.

LE COMMANDEUR.

Foi de Courtisan, elle est adorable.

BENJAMINE, *à part.*

Que ces gens de Cour sont galans !

LE MARQUIS.

Tu trouves donc que je ne fais pas mal de l'épouser ?

LE COMMANDEUR.

Comment, Marquis ? Je t'en loue.

LE MARQUIS.

Et qu'elle peut figurer à la Cour ?

LE COMMANDEUR.

Elle y brillera. C'étoit un crime, un meurtre, de laisser tant d'attraits dans la Ville. C'est une pierre précieuse qui auroit toujours été enterrée, & qu'on n'auroit jamais sçu mettre en œuvre. Oui, oui. Je vous en souhaite, Mrs. les Bourgeois, je vous en souhaite des filles de cette tournure. Vraiment, c'est pour vous justement qu'elles sont faites, attendez-vous-y.

LE MARQUIS.

Mademoiselle, Monsieur le Commandeur s'est offert à vous introduire à la Cour, & vous êtes en bonne main; Il connoît bien le terrein.

BENJAMINE.

Je lui suis bien obligée.

LE COMMANDEUR.

Je suis sûr par avance du plaisir que vous ferez à nos Dames, & de la joie que votre venue répandra. Mais j'aperçois Madame Abraham ; son aspect m'effarouche : je cours chez moi donner quelques ordres.

LE MARQUIS.

A la nôce ; ce soir.

LE COMMANDEUR.

Je m'y promets trop de divertissement pour y manquer.

SCENE VI

LE MARQUIS, MADAME ABRAHAM, BENJAMINE.

BENJANINE.

MA Mere, voilà Monsieur le Commandeur qui se fauve en vous voyant paroître.

LE MARQUIS.

Oui, il a une dent contre vous Madame Abraham, & vous lui avez vendu un peu trop cher l'argent que vous venez de lui prêter.

Me. ABRAHAM.

Monsieur le Marquis est toujours malin.

LE MARQUIS.

Eh ! Morbleu, Madame, plumez-moi ces gros fils de Financiers, dont les Peres avares ne meurent jamais, de ces petits bâtards de la Fortune, qui s'érigent en Seigneurs, de ces faquins que nous souffrons avec nous, parce qu'ils payent ; aidez-les à dissiper en poste les larcins de leurs Peres, avant qu'ils en soient maîtres, point de quartier pour ces gens-là. Plumez-les, écorchez-les tout vifs, je vous les abandonne : mais piller des gens de condition ! Des Commandeurs encore ! Ah ! ah ! Madame Abraham, il y a de la conscience.

Me. ABRAHAM.

La mienne ne me reproche rien là-dessus.

BENJAMINE.

Cela n'empêchera pas Monsieur le Commandeur de venir ce soir à nos nôces.

LE MARQUIS.

Non, & je vais écrire à quelques autres Seigneurs de mes amis, pour les en prier. Et vous, Madame Abraham, avez-vous de votre côté fait avertir vos Parens, & ceux de feu votre Mari ?

Me. ABRAHAM.

Non, Monsieur le Marquis, je n'ai eu garde.

LE MARQUIS.

Vous n'avez eu garde ? Et pourquoi cela ?

BENJAMINE.

Ma Mere a raison, Monsieur le Marquis, il ne faut point que ces gens-là y viennent.

Me. ABRAHAM.

Ce ne sont que de petits Bourgeois. Voilà de plaisans visages ! Ils auroient bonne grace à se trouver avec tous vos Seigneurs ! C'est une honte que je veux vous épargner.

LE MARQUIS.

Non, Madame Abraham, non ; vous me connoissez mal ; s'il vous plaît, qu'ils y viennent tous, ou il n'y a rien de fait. Votre famille, quelle qu'elle soit, ne me fait point deshonneur. Je vais annoncer vos Parens dans mes Lettres à mes amis ; & je suis sûr qu'ils seront ravis de les voir ici. Mais, dites-moi, là, là, parlez-moi à cœur ouvert ; est-ce que vous voudriez que je les allasse prier moi-même ? Volontiers, je le veux, si cela vous fait plaisir, j'y cours, vous n'avez qu'à dire, me le faire sentir.

BENJAMINE.

Ma Mere, empêchez donc Monsieur le Marquis d'y aller.

Me. ABRAHAM.

Hé ! Monsieur le Marquis, vous me faites rougir de confusion. Je serois au desespoir qu'ils vous coûtassent la moindre démarche, ils n'en valent pas la peine, & puisque vous voulez absolument qu'ils viennent, je les vais faire avertir.

LE MARQUIS.

Pour Monsieur votre Frere, j'en fais mon affaire. Je veux aller moi-même le prier.

Me. ABRAHAM.

Ah ! Monsieur le Marquis ; n'y allez pas.

LE MARQUIS.

C'est une politesse que je lui dois, je veux m'en acquitter, & sur le champ.

BENJAMINE.

Non, Monsieur le Marquis, je vous en prie, vous en aurez peu de satisfaction.

LE MARQUIS.

Pourquoi ? Est-ce qu'il n'aprouve pas que j'entre dans sa famille ?

BENJAMINE.

Eh ! Mais....

LE MARQUIS.

C'est-à-dire, non.

Me. ABRAHAM.

Il est coëffé de son Damis.

BENJAMINE.

C'est un homme si extraordinaire.

LE MARQUIS *gracieusement.*

Hé ! Tant mieux, ventrebleu, voilà les gens que j'aime à prier. Fût-ce un Tygre, un Ours, un Loup-garou, je veux l'amadouer, la rendre traitable, doux comme un

Mouton; il ne m'en coûtera pour cela qu'un mot, qu'une révérence, qu'un regard, je n'aurai qu'à paroître.

BENJAMINE.

Je tremble qu'il ne vous reçoive impoliment.

Le MARQUIS.

Moi? Un homme de Cour? Cela seroit nouveau. Ah! Ne craignez rien, je réponds de lui. Vous en sçaurez bientôt des nouvelles. Où loge-t'il? N'est-ce pas ici, vis-à-vis?

Me. ABRAHAM.

Oui, Monsieur le Marquis.

LE MARQUIS.

J'y vole. Ensuite, j'irai écrire à mes amis; & je veux aussi vous écrire un mot, afin que vous voyez comment un Seigneur s'exprime en amour. Damis vous a écrit quelquefois aparemment? Eh bien, vous comparerez nos Billets. Adieu, adieu, Je vais à M. Mathieu. Où allez-vous donc Mesdames?

Me. ABRAHAM.

Nous vous reconduisons.

LE MARQUIS.

Hé! Mesdames, laissez-moi sortir. Je vous en conjure. Point de ces cérémonies-là.

SCENE VII.

Me. ABRAHAM, BENJAMINE.

Me. ABRAHAM.

HÉ bien, ma Fille; voilà pourtant cet homme de condition, qui au dire de M. Mathieu devoit t'accabler de mépris.

BENJAMINE.

Ha! Ma Mere, plus je le vois, & plus j'en suis enchantée.

Me. ABRAHAM.

Qu'il eût écarté de la nôce toute notre Parenté, dont la vue va lui reprocher qu'il se mesaillie, cela étoit dans l'ordre; nous le voulions nous-mêmes.

BENJAMINE.

Et tout le monde l'auroit fait en notre place.

Me. ABRAHAM.

Mais lui, nous menacer de rompre ce mariage ?

BENJAMINE.

Vouloir lui-même les aller prier ?

Me. ABRAHAM.

Ma fille, il faut les avertir. Qu'ils viennent, puisqu'il le veut ; mais la nôce faite, il y a mille occasions de rompre avec eux.

BENJAMINE.

Je tremble que mon Oncle ne lui fasse quelque malhonnêteté.

Me. ABRAHAM.

Effectivement, c'est un homme si grossier ; mais Monsieur le Marquis a de l'esprit.

BENJAMINE.

S'il pouvoit arracher son consentement ?

Me. ABRAHAM.

Je ne doute point qu'il n'en vienne à bout, s'il l'entreprend.

BENJAMINE.

Il est vrai que rien ne lui est impossible, & qu'il fait des gens tout ce qu'il veut.

SCENE VIII.

Me. ABRAHAM, BENJAMINE, MARTON.

MARTON.

MAdame, M. Pot-de-Vin, l'Intendant de Monsieur le Marquis de Moncade, est-là ; lui dirai-je d'entrer ?

Me. ABRAHAM.

Non : je vais avec lui dans mon cabinet, & écrire en même-tems à tous nos Parens.

SCENE IX.

BENJAMINE, MARTON.

MARTON.

MAdame votre Mere dit qu'elle va écrire à tous vos Parens, & pourquoi cela ?

BENJAMINE.

Pour les prier de mes nôces.

MARTON.

Miséricorde ! Est-elle folle ? Que voulez-vous faire de ces nigauds-là ? Je m'en vais l'en empêcher.

BENJAMINE.

Hé ! Marton, Monsieur le Marquis le veut, il s'en est expliqué.

MARTON.

Il falloit lui dire que c'étoit des pieds-plats, des animaux lugubres.

BENJAMINE.

Nous le lui avons dit.

MARTON.

Oui ! Par ma foi, c'est donc qu'il veut se donner la Comédie.

BENJAMINE.

Je t'avouerai, que dans le fond de l'ame je suis charmée de les avoir pour témoins de mon bonheur, & sur-tout mes Cousines. Quelle mortification pour elles, quel creve-cœur de me voir devenir grand'Dame ; de m'entendre apeller Madame la Marquise ! Oh ! J'en suis sûre, elles ne pourront jamais soutenir mon triomphe. Qu'en dis-tu, Marton ?

MARTON.

Assurément ; elles en créveront de dépit.

BENJAMINE.

Je brûle qu'elles ne soient déja ici.

MARTON.

Et moi, je crois déja les voir arriver une mine allongée, un visage d'une aune, des yeux étincelans de jalousie, la rage dans le cœur.

BENJAMINE.

BENJAMINE.

Ah que tu les peins bien !

MARTON.

Et je les entends se dire les unes aux autres ; en vérité ce n'est que pour ces gens-là que le bonheur est fait ; cette petite fille creve d'ambition. Epouser un homme de Cour ! Qu'a-t-elle donc de si aimable ? Voyez ! bon, bon, dira une autre, il est bien question d'être aimable. Pensez-vous que ce soit à sa beauté, à ses charmes que ce grand Seigneur se rend ? Vous êtes bien dupes. Vous croyez qu'il l'aime ? fi donc ? c'est son argent qu'il épouse. Laissez faire la nôce, & vous verrez comme il la méprisera, & j'en serai ravie.

BENJAMINE.

Que leur mauvaise humeur me fera de plaisir ?

MARTON.

Elles enrageront bien davantage, quand elles vous entendront dire : Adieu Monsieur le Commissaire, adieu ma cousine la Notaire, la Procureuse, Messieurs les Burgeois, doucereux Robins, mauvais plaisans du quartier ; adieu le marais, l'Isle S. Louis, maisons où l'on va de porte en porte s'ennuyer, ou faire un quadrille, Madame la Marquise de Moncade vous dit adieu, elle vous quitte sans regret, nous allons à la Cour, nous allons à la Cour.

BENJAMINE.

Et Damis ; comment crois-tu qu'il prenne cela ?

MARTON.

Ma foi, c'est son affaire ; il se consolera de son mieux avec quelqu'autre.

BENJAMINE.

Il se consolera avec quelqu'autre ? Quoi ! Tu crois qu'il pourra m'oublier ?

MARTON.

Belle demande ! Il seroit bien fou de ne le pas faire.

BENJAMINE.

Va, Marton, je le connois mieux que toi : je suis sûre que ma perte lui sera bien sensible. Il m'aimoit trop pour pouvoir m'oublier si-tôt ; tu verras que n'ayant pas pû être à moi, il ne voudra jamais être à personne.

MARTON.

Que vous importe ?

BENJAMINE.

Il t'a donc paru bien triste, quand tu lui as ap[illegible] son congé ?

MARTON.

Fort trifte. Je vous l'ai déjà dit.

BENJAMINE.

Fais-moi un peu ce détail ?

MARTON.

Tenez; le voici qui vous le fera mieux lui-même.

BENJAMINE.

Sauvons-nous, Marton.

SCENE X.

DAMIS, MARTON.

DAMIS.

ARrêtez, cruelle.

MARTON.

Cruelle ! c'eft bien le moyen de l'arrêter. Hé ! Monfieur Damis, que diantre vous faites fuir ma maîtreffe ? Je vous avois fi bien prié tantôt de ne plus revenir.

DAMIS.

Ciel ! Eft-ce à moi que le difcours s'adreffe.

MARTON.

Nous ne fommes point en état d'entendre vos lamentations. Notre imagination n'eft pleine que de nôces, d'habits, d'équipages, de Marquis, & de mille autres chofes encore plus réjouiffantes.

DAMIS.

La perfide !

MARTON.

Que voulez-vous ? lui faire des reproches ? apprenez que vous l'avez appellée infidelle, ingrate, inhumaine, & qu'elle vous a répondu que tel eft fon plaifir. Là portez vos doléances ailleurs. Je fuis votre très-humble fervante, Monfieur le Confeiller.

SCENE XI.

DAMIS *feul.*

ELle me fuit ! elle m'abandonne ! elle m'oublie ! avec quelle froideur, & quel mépris elle vient de m'éviter !

SCENE XII.

Mr. MATHIEU, DAMIS.

DAMIS.

AH ! Mr. Mathieu, vous voyez le plus infortuné des amans ; Benjamine, la cruelle Benjamine, votre niéce. . . .

Mr. MATHIEU.

Hé bien ! hé bien !

DAMIS.

Je ne veux plus la voir.

Mr. MATHIEU.

Bon.

DAMIS.

Je vais la haïr autant que je l'ai aimée.

Mr. MATHIEU.

A merveille.

DAMIS.

Elle peut épouser son Marquis.

Mr. MATHIEU.

Chansons.

DAMIS.

Non, non, je la méprise, l'infidelle !

Mr. MATHIEU.

Laissez-là toutes ces extravagances. Allez m'attendre chez moi. Je vais retrouver ma sœur, & lui parler comme il faut.

DAMIS.

Tout cela est inutile, mon parti est pris.

M. MATHIEU.

Hé ! taisez-vous, vous dis-je ? Je vais parler à Madame Abraham & à Benjamine d'un ton auquel elles ne s'attendent pas. Je ne leur ai pas dit tantôt tout ce qu'il falloit leur dire ; mais ne vous embarrassez pas ; ma niéce ce soir sera votre épouse, & c'est moi qui vous le promets. Sortez, sortez ; allez chez moi : dans un instant je vous y rejoins avec de bonnes nouvelles. Adieu.

DAMIS.

Vous n'y réussirez pas.

Mr. MATHIEU.

Vous êtes sous ma protection, c'est tout dire.

SCENE XIII.

Mr. MATHIEU *seul.*

OH! oh! Madame ma sœur, & vous Mademoiselle ma niéce, par la morbleu, vous allez voir beau jeu, & je vous apprête un compliment. . . . il vous faut des Seigneurs & ruinés encore. Ah! ah! laissez-moi faire. Je suis dans une colére, que je ne me posséde pas. Nous faire cet affront? . . . . Que ce Monsieur le Marquis aille épouser ses Marquises, & ses Comtesses! Ah! que je voudrois bien, à l'heure qu'il est, le tenir! que je le recevrois bien! que je lui dirois bien son fait! ni crainte ni qualité ne me retiendroient. Je me moque de tout le monde, moi; je ne crains personne. Oui, je donnerois, je crois, tout mon bien maintenant pour le trouver sous ma coupe. Quel plaisir j'aurois à lui décharger ma bile!

SCENE XIV.

LE MARQUIS, Mr. MATHIEU,

LE MARQUIS. *à part.*

VOilà aparemment mon homme? je le tiens.

M. MATHIEU. *à part.*

C'est lui je pense! qu'il vienne, qu'il vienne.

LE MARQUIS.

Monsieur, de grace, n'êtes-vous pas M. Mathieu.

M. MATHIEU. *brusquement.*

Oui Monsieur. *à part.* Nous allons voir.

LE MARQUIS.

Et moi, Mr le Marquis de Moncade, embrassons-nous.

M. MATHIEU. *brusquement.*

Monsieur, je suis votre serviteur. *à part.* Tenons bon.

LE MARQUIS.

C'est moi je suis le votre, ou le diable m'emporte.

M. MATHIEU. *à part.*

Voilà de nos serviteurs.

LE MARQUIS.

Et je viens de chez vous pour vous en assurer. Ma bonne fortune n'a pas permis que je vous y trouvâsse. Je vous y ai attendu; & j'y serois encore si vos gens ne m'avoient dit que vous veniez d'entrer ici.

à part. M. MATHIEU.

Il vient de chez moi !

LE MARQUIS.

Que je vous embrasse encore ! Vous ne sçauriez croire à quel prix je mets l'honneur de vous appartenir : mais ayez la bonté de vous couvrir.

M. MATHIEU.

J'ai trop de respect. . . .

LE MARQUIS.

Et ne me parlez point comme celà. Couvrez-vous. Allons donc, je le veux.

M. MATHIEU. *bas.*

C'est donc pour vous obéir. Il croit avoir trouvé sa dupe.

LE MARQUIS.

Mon cher oncle, souffrez par avance que je vous appelle de ce nom, & daignez m'honorer de celui de votre neveu.

M. MATHIEU.

Oh M. le Marquis, c'est une liberté que je ne prendrai point. Je sçais trop ce que je vous dois.

LE MARQUIS.

C'est moi qui vous devrai tout.

M. MATHIEU *à part.*

Je ne sçais où j'en suis avec les politesses.

LE MARQUIS.

M. Mathieu, je vous en prie, je vous en conjure.

M. MATHIEU *un peu brusquement.*

Je ne le ferai point, s'il vous plaît.

LE MARQUIS.

Quoi ? Vous me refusez cette faveur ? Il est vrai qu'elle est grande.

M. MATHIEU.

Oh ! Point du tout.

LE MARQUIS.

De grace parez-moi du titre de votre neveu. C'est celui qui me flatte le plus.

M. MATHIEU.

Vous vous moquez.

LE MARQUIS.

Mon cher oncle, voulez-vous que je vous en presse à genoux. *Il se met à genoux.*

M. MATHIEU *se met aussi à genoux pour le faire relever.*

Hé ! Monsieur le Marquis, Monsieur le Marquis. . . . Mon neveu, puisque vous le voulez.

LE MARQUIS.

Il semble que vous le fassiez malgré vous.

M. MATHIEU.

Non Monsieur. *à part.* Le galant homme.

LE MARQUIS.

Parlez-moi franchement, est-ce que vous n'êtes pas content que j'épouse votre niéce?

M. MATHIEU.

Pardonnez-moi.

LE MARQUIS.

Vous n'avez qu'à dire. Peut-être protegez-vous Damis?

M. MATHIEU.

Non, Monsieur, je vous assure.

LE MARQUIS.

Madame Abraham a dû vous dire.....

M. MATHIEU.

Ma sœur ne m'a rien dit, & ce n'est que ce matin que le bruit de la Ville m'a appris que vous faisiez à ma niéce l'honneur de la rechercher.

LE MARQUIS.

Que veut dire ceci? Quoi vous ne le sçavez que de ce matin?

M. MATHIEU.

Non Monsieur le Marquis.

LE MARQUIS.

Et par un bruit de Ville encore? Est-il croyable? Madame Abraham, quoi? Vous que j'estimois, en qui je trouvois quelque sçavoir-vivre, vous manquez aux bienséances les plus essentielles? Vous mariez votre fille, & vous n'en avez pas vous-même informé M. Mathieu, votre propre frere, un homme de tête, un homme de poids? Vous ne lui avez pas demandé ses conseils? Ah! Madame Abraham, cela ne vous fait point d'honneur; j'en ai honte pour vous; & je suis forcé de rabattre plus de la moitié de l'estime que je faisois de vous.

bas. M. MATHIEU. *haut.*

Ce Courtisan est le plus honnête-homme du monde. Ma sœur croyoit que je n'en valois pas la peine.

LE MARQUIS.

Je vois bien que c'est à moi à réparer sa faute. Monsieur Mathieu, j'aime votre niéce, elle m'aime; sa mère souhaite ardemment de nous voir unis ensemble. Tout est prêt pour la nôce, équipages, habits, festin; c'est ce soir que nous devons épouser; mais je vais tout rompre, à cause du mauvais procedé de votre sœur.

M. MATHIEU.

Hé non, hé non, M. le Marquis, je ne mérite pas....

LE MARQUIS.

C'en est fait, je n'y songe plus.

M. MATHIEU.

Monsieur le Marquis, il faut l'excuser....

LE MARQUIS.

Les mauvaises façons m'ont toujours revolté.

M. MATHIEU.

M. le Marquis, je vous en prie, oubliez cela.

LE MARQUIS.

Non M. Mathieu, ne m'en parlez plus.

M. MATHIEU.

M. le Marquis, M. le Marquis, ... Mon neveu....

LE MARQUIS.

Ah! Ce nom me désarme. Madame Abraham vous a obligation, si je tiens ma parole.

à part. M. MATHIEU.

Oh! ma foi, voilà un aimable homme.

LE MARQUIS.

Embrassez-moi, de grace mon cher oncle; je cours chez moi écrire à votre niéce, & à mes amis; & sur le portrait que je leur ferai de vous, je suis sûr qu'ils brûleront de vous connoître. Adieu, cher oncle. *à part s'en allant.* La bonne pâte d'homme.

SCENE XV.

M. MATHIEU *seul.*

JE suis charmé, transporté, enchanté de ce Seigneur. Je suis ravi qu'il épouse ma niéce. S'être donné la peine d'aller chez moi, m'embrasser, m'appeller son oncle, vouloir que je l'appelle mon neveu, se fâcher contre ma sœur à cause de moi! Oh! quelle bonté! Quel beau naturel! J'en ai pensé pleurer de tendresse; allons revoir Madame Abraham & Benjamine; elles vont être bien joyeuses de voir que j'approuve cette alliance; mais que deviendra Damis? Ce qu'il pourra, il se pourvoira ailleurs; il m'attend chez moi... Oh! ma foi, je n'oserois plus y aller rentrer.

Fin du second Acte.

ACTE III.

SCENE PREMIERE.

Me. ABRAHAM, M. MATHIEU, BENJAMINE,

Me. ABRAHAM.

HE bien, mon frere, j'avois grand tort de donner Benjamine à M. le Marquis de Moncade! Damis lui convenoit beaucoup mieux: je ne ſçavois ce que je faiſois.

M. MATHIEU.

C'eſt moi, ma ſœur, qui ne ſçavois ce que je diſois.

Me. ABRAHAM.

J'étois une imbécile, une extravagante, une folle, de marier ma fille à un Seigneur!

M. MATHIEU.

Je vous en demande pardon, j'étois un ſot.

Me. ABRAHAM.

Elle devoit être malheureuſe avec lui.

M. MATHIEU.

Prenez cela pour les apprehenſions d'un oncle qui aime ſa niéce.

BENJAMINE.

Je vous en ſuis obligée, mon oncle.

M. MATHIEU.

Mon propre exémple, & celui de tant de Bourgeois qui ſe ſont mal trouvés de pareilles alliances, me faiſoient trembler que ma Niéce ne tombât en de méchantes mains. Cette crainte me faiſoit regarder Monſieur le Marquis avec de mauvais yeux: je me le repréſentois comme quantité d'autres Courtiſans, c'eſt-à-dire, comme un petit maître, étourdi, évaporé, indiſcret, diſſipateur, mépriſant, dédaigneux; mais point du tout; j'ai eu le plaiſir de voir que je m'étois trompé; c'eſt un jeune Seigneur, ſage, poſé, aimable, plein d'eſprit...

Me. ABRAHAM.

Ah! ah! Je connois bien mes gens.

BENJAMINE.

Je ſuis ravie, mon Oncle, que vous en ſoyez content.

M. MATHIEU.

Oui, très-content, ma chere Niéce. Je jurerois que tu feras avec lui la plus heureuse Femme de France. Je ne l'ai vu qu'un instant : mais je suis sûr de ce que je dis. C'est bien le plus honnête homme, le meilleur cœur, le plus... Oh ! Ma foi, j'en suis enchanté.

Me. ABRAHAM.

Vous ne voulez donc plus la desheriter ?

M. MATHIEU.

Vous avez entendu, comme je viens de dire à M. Pot-de-Vin, son Intendant, que je lui assurois tout mon bien ; je voudrois avoir cent millions, je les lui donnerois avec plus de plaisir.

BENJAMINE.

Soyez sûr de sa reconnoissance & de la mienne.

M. MATHIEU *riant.*

Je voudrois que vous m'eussiez vu quand je suis entré ici, je venois vous quereller, j'y ai trouvé Damis au desespoir, il m'a encore animé contre vous : enfin j'étois dans une colere si grande, que je croyois que j'allois vous étrangler, vous, Benjamine, & Monsieur le Marquis même. Hélas ! Sitôt qu'il a paru, j'ai senti peu à peu que ma colere s'évaporoit, & à la fin, je me suis voulu un mal incroyable, de m'être oposé un seul moment à ce mariage.

Me. ABRAHAM.

Je sçavois bien, moi, que vous reviendriez sur son compte.

M. MATHIEU.

Mais une chose me tracasse l'esprit.

BENJAMINE.

Qu'est-ce, mon Oncle ?

M. MATHIEU.

C'est que j'ai imprudemment promis ma protection à Damis, je l'ai envoyé chez moi m'attendre, & je vous avoue qu'il m'embarrasse, je ne sçais comment y retourner, ni comment m'en défaire.

Me. ABRAHAM.

Quoi, ce n'est que cela ? Vous vous démontez pour bien peu de chose. Ah ! ah ! Laissez-moi faire, il n'y a qu'à apeller Marton.

M. MATHIEU.

Pourquoi faire ?

Me. ABRAHAM.

Pour le congédier, elle l'entend à merveille, elle le fera bien vîte déguerpir de votre maison. Marton? Bon! La voilà qui vient à propos.

SCENE II.

MADAME ABRAHAM, M. MATHIEU, BENJAMINE, MARTON, UN COUREUR.

MARTON.

Madame, voilà le Coureur de Monsieur le Marquis qui demande à vous parler.

Me. ABRAHAM.

Faites entrer.

MARTON.

Entrez, Monsieur le Coureur.

LE COUREUR.

Très-humbles saluts, Mademoiselle Benjamine; serviteur, Madame Abraham; votre valet M. Mathieu; bon soir friponne: Mademoiselle, voilà un Billet de Monsieur le Marquis de Moncade. Têrebleu, comme vous prenez cela? On voit bien que vous devinez une partie des douceurs qu'il renferme.

Me. ABRAHAM.

Tenez, mon ami, voilà un Louis d'or pour votre peine.

LE COUREUR.

Grand merci, Madame.

M. MATHIEU.

Et en voilà aussi un, pour vous marquer combien j'aime, Monsieur le Marquis.

LE COUREUR.

Grand merci, Monsieur. Et vous, Mademoiselle, n'aimez-vous point mon Maître?

MARTON.

Le drôle y prend goût!

LE COUREUR.

Il est amoureux de vous comme tous les Diables.

BENJAMINE.

Dites-lui bien, que nous l'attendons avec impatience.

LE COUREUR.

Il va accourir. Pour moi, je galope porter cet autre Billet chez un Duc des amis de mon Maître.

BENJAMINE.

Un Duc, ma Mere!

LE COUREUR.

C'est pour le convier à vos nôces. Votre très-humble & très-obéissant. Sans adieu, mon adorable.

SCENE III.

Me. ABRAHAM, BENJAMINE, M. MATHIEU, MARTON.

BENJAMINE.

TEnez, mon Oncle, lisez vous-même, afin que vous connoissiez mieux ce que vaut Monsieur le Marquis.

M. MATHIEU.

Avec plaisir.

Me. ABRAHAM.

Je brûle d'entendre ce Billet.

MARTON.

Pour moi, je suis persuadée, qu'il contient de belles choses.

BENJAMINE.

Tu vas entendre, Marton.

M. MATHIEU, *lit.*

Enfin, mon cher Duc.... Mon cher Duc!... A Monsieur, Monsieur le Duc de....

Me. ABRAHAM.

Vous verrez que le Coureur aura fait une méprise.

M. MATHIEU, *riant.*

Oui, justement. Il nous à donné le Billet qu'il portoit à ce Duc, ami de son Maître. Peste du butor!

Me. ABRAHAM.

Ne laissons pas de lire, puisqu'il est décacheté.

M. MATHIEU, *riant.*

Enfin, mon cher Duc, c'est ce soir que je... Que je m'encanaille....

Me. ABRAHAM.

Plaît-il, mon Frere? Que dites-vous? Lisez donc, lisez donc bien.

M. MATHIEU.

Lisez mieux vous-même, ma Sœur.

Me. ABRAHAM, *lit.*

Que je.... m'encanaille....

BENJAMINE, *lit.*

Que je.... m'encanaille....

MARTON, *lisant.*

Oui.... Canaille....

BENJAMINE.

Seroit-il possible, Marton?

MARTON.

Ma foi, j'en tremble pour vous.

M. MATHIEU.

Continuons de lire. (*Il lit.*) *Enfin, mon cher Duc, c'est ce soir que je m'encanaille; ne manque pas de venir à ma nôce, & d'y amener le Vicomte, le Chevalier, le Marquis, & le gros Abbé. J'ai pris soin de vous assembler un tas d'originaux qui composent la noble famille où j'entre. Vous verrez premierement, ma Belle-mere, Madame Abraham. Vous connoissez tous, pour votre malheur, cette vieille folle....*

Me. ABRAHAM.

L'impertinent!

M. MATHIEU.

Vous verrez ma petite future Madamoiselle Benjamine, dont le précieux vous fera mourir de rire.

MARTON.

Ecoutez, voilà des vers à votre honneur.

BENJAMINE.

Le scélerat!

M. MATHIEU.

Vous verrez mon très-honoré Oncle, Monsieur Mathieu, qui a poussé la science des Nombres, jusqu'à sçavoir combien un écu raporte par quart-d'heure.... Le traître!

MARTON.

Le bon Peintre!

M. MATHIEU.

Enfin, vous y verrez un Commissaire, un Notaire, une accolade de Procureurs. Venez vous réjouir aux dépens de ces animaux-là, & ne craignez point de les trop berner, plus la charge sera forte, & mieux ils la porteront, ils ont l'esprit le mieux fait du monde, & je les ai mis sur le pied de prendre les brocards des gens de Cour pour des complimens. A ce soir, mon cher Duc, je t'embrasse. *Le Marquis* DE MONCADE.

Voilà, je vous assure, un méchant homme!

MARTON.

Je crains bien que nous ne soyons pas enmarquisées.

Me. ABRAHAM.

Auroit-on pensé cela de lui?

M. MATHIEU.

Après cela, fiez-vous aux Courtisans. Je me serois donné au diable que c'étoit un honnête homme. J'étois en garde contre lui, & il m'a pris comme un sot.

MARTON.

Ce qui m'en fâche le plus, c'est que vous avez payé cette pilulle deux Louis d'or au Coureur.

Me. ABRAHAM.

Quand je lui en aurois donné dix, je ne m'en repentirois pas. Sa méprise nous fait ouvrir les yeux.

MARTON.

Le voilà qui revient.

SCENE IV.

Me. ABRAHAM, BENJAMINE, M. MATHIEU, MARTON, LE COUREUR.

LE COUREUR.

EH! Morbleu, Mesdames, Qu'ai-je fait? Voilà votre Lettre; & je vous ai donné celle que Monsieur le Marquis écrivoit à un Duc de ses amis. Donnez. Par bonheur le cachet n'est pas rompu, je vais la raccommoder, & la porter en diligence. Je vous prie de ne lui point parler de ce quiproquo. Il n'est pas aisé, il m'assommeroit. Serviteur.

MARTON.

Au diable, Messager de malheur.

SCENE V.

Me. ABRAHAM, M. MATHIEU, BENJAMINE, MARTON.

BENJAMINE.

JE n'ai pas la force d'ouvrir celle-ci.

MARTON.

Donnez, donnez-moi. Or écoutez.

M. MATHIEU.

Laiſſe cela, Marton. C'eſt, ſans doute, quelque nouvelle inſulte? Mais il n'aura pas le plaiſir de ſe rire encore long-tems de nous; ſon Coureur va lui-même le faire donner dans le panneau. Et ce ſoir, en préſence de ſes amis, il ſera la dupe de ſes perfidies.

Me. ABRAHAM.

Je ſuis hors de moi.

BENJAMINE.

Que faut-il que je devienne?

M. MATHIEU.

Il faut vous racommoder avec Damis; il m'attend chez moi. Marton, va le faire venir.

BENJAMINE.

Non, mon Oncle, laiſſez-moi plutôt enſevelir ma honte dans un Couvent.

M. MATHIEU.

La belle penſée!

BENJAMINE.

J'ai rebuté Damis: quelle honte de retourner à lui!

M. MATHIEU.

Il ſera ravi de vous avoir.

MARTON.

Hé bien, le ferai-je venir?

M. MATHIEU.

Oui, va.

MARTON, *ſortant.*

Adieu, le Marquiſat, adieu, la Cour.

SCENE VI.

Me. ABRAHAM, M. MATHIEU, BENJAMINE.

Me. ABRAHAM.

ENcore une choſe qui me chagrine, mon Frere.

M. MATHIEU.

Qui? Qu'eſt-ce?

Me. ABRAHAM.

C'eſt que j'ai eu la foibleſſe de faire à ce beau Marquis un dédit de cent mille francs.

M. MATHIEU.

Cent mille francs? Ma Sœur, vous craigniez de le manquer.

Me. ABRAHAM.

Cela eſt fait.

M. MATHIEU.

Il faudra lui donner en payement les Billets que vous avez à lui : auſſi bien c'étoit une dette aſſez deſeſperée. Vous êtes encore trop heureuſe de ce qu'il ne vous en coûte pas tout votre bien & votre Fille.

Me. ABRAHAM.

Que ne vient-il à préſent le perfide ?

M. MATHIEU.

Non, ma Sœur. Feignons pour le faire tomber dans le piége que je lui tends.

Me. ABRAHAM.

Il vaut donc mieux que je me retire, car je ſuis outrée ; je ne me poſſéderois pas. Je vais envoyer chercher notre Couſin le Notaire.

M. MATHIEU.

Vous, Damis va venir, faites votre paix avec lui. Le voici déja. Je vous laiſſe enſemble.

BENJAMINE.

Reſtez avec moi, mon Oncle. Que vais-je lui dire? Que ſa préſence m'embaraſſe !

SCENE VII.

BENJAMINE, DAMIS.

DAMIS.

ENfin, adorable Benjamine, c'en eſt donc fait ! Vous épouſez le Marquis de Moncade? Je vous perds pour toujours ? Quoi ! Vous ne daignez pas tourner la vue ſur moi. Ah, Benjamine !

BENJAMINE.

Ah ! Damis, je n'oſe lever les yeux, & je mérite que vous me haïſſiez.

DAMIS.

Non, je vous aimerai toujours, toute infidéle que vous êtes. Je voudrois que le Marquis pût vous offenſer, qu'il pût mériter votre haine : mais non, vous êtes trop belle, trop bonne : qui pourroit jamais ſe réſoudre à vous déplaire ?

BENJAMINE.

Hé bien? Si cela étoit, Damis ?

DAMIS.

Ah ! Quel plaiſir j'aurois à vous voir revenir à moi !

BENJANINE.

Vous vous ſouviendriez éternellement que je vous quittois ; & que vous ne me devez qu'au dépit.

DAMIS.

Non, ma chere Benjamine.

BENJAMINE.

Qui m'en aſſureroit !

DAMIS.

Mon amour, mon cœur : oubliez le Marquis, oubliez votre infidélité : & moi je ne m'en ſouviens déja plus.

BENJAMINE.

Damis, je ne me la pardonnerai jamais.

DAMIS.

Ciel ! Qu'entends-je ? Quoi ? Je revois en vous cette chere Benjamine, dont la tendreſſe....

BENJAMINE.

Oui, Damis, & je ne reverrai jamais qu'en vous ce qui pourra me plaire. *Damis lui baiſe la main.*

SCENE VIII.

M. MATHIEU, DAMIS, BENJAMINE.

M. MATHIEU.

CE que je vois me perſuade que vous êtes racommodés. Hé bien, que vous avois-je promis ?

DAMIS.

Ah ! Monſieur, Il falloit ce petit démêlé pour me faire mieux ſentir tout l'amour que j'ai pour elle.

BENJAMINE.

Et moi, pour me faire connoître tout ce que vous valez.

M. MATHIEU.

Fort bien. Notre Couſin le Notaire eſt ici. Je lui ai expliqué les intentions de votre Mere & les miennes : il travaille à votre Contrat de mariage. Oh ! Ma foi, Monſieur le Marquis aura un pied de nez.

SCENE IX.

M. MATHIEU, DAMIS, BENJAMINE, MARTON.

MARTON.

VOilà Monſieur le Marquis qui vient ici avec deux Seigneurs de ſes amis.

BENJAMINE.

Evitons-les, mon Oncle.

M. MATHIEU.

M. MATHIEU.

Oui, vous avez raison. Il n'est pas encore tems de paroître. En attendant que le Contrat soit prêt, suivez moi chez ma Sœur. Marton, reste-là pour les recevoir.

SCENE X.

MARTON, *seule.*

LE maudit Coureur ! Hem ! Je l'étranglerois, le chien qu'il est, avec son quiproquo ! il n'y a que moi qui perds à cela. Oh ! Il n'en est pas quitte.

SCENE XI.

LE MARQUIS, LE COMMANDEUR, LE COMTE, MARTON.

LE MARQUIS.

VEnez, venez, mes amis.

LE COMTE, *embrassant Marton.*

J'embrasse d'abord. Est-ce là ta Future, Marquis ? Elle est, ma foi, drôle.

LE MARQUIS.

Eh non, Comte, tu te trompes.

LE COMMANDEUR.

C'est à coup sûr quelqu'une de ses Parentes.

LE MARQUIS.

Tout aussi peu, Commandeur. C'est la suivante. Mais où est donc Madame Abraham, M. Mathieu, Mademoiselle Benjamine ? Je les croyois ici. Va donc leur dire qu'ils viennent, que ces Messieurs brûlent de les voir & de les saluer.

MARTON.

J'y vais, Monsieur.

LE MARQUIS.

St. st. Et mon Billet ? Tu ne m'en dis rien. Comment a-t'il été reçu ? Ils en sont tous charmés, n'est-ce pas ?

MARTON.

Assurément. Ils seroient bien difficiles.

LE MARQUIS.

Cela est leger, badin. Damis lui écrivoit-il sur ce ton ?

MARTON.

Non, vraiment.

LE MARQUIS.

A propos de Damis; il eſt ici, ne ſera-t'il pas des nôtres? Que Benjamine l'arrête, je le veux, dis-lui bien.

MARTON, *en s'en allant.*

Quel dommage que de ſi aimables petits hommes ſoient ſi ſcélerats dans le fond!

SCENE XII.

LE MARQUIS, LE COMMANDEUR, LE COMTE.

LE COMTE.

PArbleu, Marquis, tu me mets-là d'une partie de plaiſir des plus ſingulieres. Elle eſt neuve pour moi.

LE MARQUIS.

Tant mieux. Elle te piquera davantage.

LE COMMANDEUR.

Aurons-nous des Femmes?

LE COMTE.

Le Commandeur va d'abord-là.

LE MARQUIS.

Oui; je t'en promets une légion, tant Femmes que Filles, & toutes de la Parenté; ces petites gens peuplent prodigieuſement.

LE COMMANDEUR.

Un de mes grands plaiſirs eſt de regarder une Bourgeoiſe, quand un homme de condition lui en conte. Pour faire l'aimable, elle fait les plus plaiſantes mines du monde; ce ſont des ſimagrées, elle ſe rengorge, elle s'évanouit, elle ſe flatte, elle ſe rit à elle-même; on voit ſur ſon viſage un air de ſatisfaction, & de bonne opinion.

LE COMTE.

Oh! Morbleu, Commandeur, je te donnerai ce plaiſir-là. Je me promets de bien déſoler des Maris, & de lutiner bien des Femmes.

LE COMMANDEUR.

Tu leur feras honneur à tous. Tu verras les Maris ſourire avec un viſage gris brun, & les Femmes n'oſeront feulement fe défendre. Oh! ils fçavent vivre les uns & les autres.

SCENE XIII.

LE MARQUIS, LE COMMANDEUR, LE COMTE, UN COMMISSAIRE, MARTON.

MARTON.

Monfieur le Marquis, la Compagnie va venir.

LE MARQUIS.

Qu'eft-ce déja que ce vifage-là?

MARTON.

C'eft M. le Commiffaire, un beau-Frere de feu M. Abraham.

LE MARQUIS.

Aprêtez-vous, mes amis, voilà déja un de nos Acteurs. Soyez le bien venu, mon Oncle le Commiffaire.

MARTON, *bas.*

Je m'aprête à bien rire.

LE COMMISSAIRE.

M. le Marquis!...

LE MARQUIS.

Commandeur, Comte, embraffez donc mon Oncle le Commiffaire.

LE COMMANDEUR.

Embraffons.

LE COMTE.

De tout mon cœur.

LE MARQUIS.

Il peut vous rendre fervice.

LE COMMISSAIRE.

Je le fouhaiterois.

LE COMTE.

Oh! Je connois Monfieur le Commiffaire; c'eft un galant: tel que vous le voyez, il femble qu'il n'y touche pas.

LE COMMISSAIRE.

Monfieur, en vérité....

LE COMTE.

Il n'y a pas long-tems que je lui ai soufflé une petite Fille, auprès de qui il avoit déja fait de la dépense.

LE COMMISSAIRE.

Ce sont des bagatelles.

LE COMMANDEUR.

Oui, une Maîtresse est une bagatelle pour un Commissaire; il est à la source.

MARTON, *bas*.

Voilà un pauvre diable en bonne main.

SCENE XIV.

M. LE MARQUIS, LE COMMANDEUR, LE COMTE, Me. ABRAHAM, BENJAMINE, M. MATHIEU, DAMIS, LE COMMISSAIRE, MARTON.

MARTON.

MEssieurs, voici toute la nôce qui arrive.

M. MATHIEU.

Ne disons rien, tous tant que nous sommes. Laissons-leur faire toutes leurs impertinences. Nous aurons bientôt notre revanche. Il va être bien pris.

LE MARQUIS.

Ah! Madame Abraham, ... Allons Commandeur, Comte, je vous les présente, faites-leur politesse, je vous en prie.

LE COMMANDEUR.

Madame Abraham, c'est par vous que je commence. Sans rancune.

LE MARQUIS.

Elle m'a promis qu'elle ne te rançonneroit plus.

à part. Me. ABRAHAM.

J'ai bien de la peine à me contraindre.

LE COMTE.

A moi Madame Abraham. Morbleu, je vous donne mon estime. Le diable m'emporte, vous allez être la femme du royaume la mieux engendrée.

LE MARQUIS.

A ma future.

LE COMMANDEUR.

Pour moi, je lui ai déjà fait mon compliment.

LE COMTE.

Et moi je la garde pour la bonne bouche, & je cours à ce gros pere aux écus. Morbleu, il a l'encolure d'être tout cousu d'or.

LE MARQUIS.

C'est mon très-cher oncle M. Mathieu.

M. MATHIEU. *à part.*

Tu ne seras pas mon très-cher.

LE COMMADEUR.

Que je vous embrasse aussi, M. Mathieu ; il y a long-tems que je cherchois à être en liaison avec vous. Toute la Cour vous connoît pour un homme d'un bon commerce, pour un homme de crédit.

M. MATHIEU.

Cela me fait bien du plaisir.

LE MARQUIS.

Et mon petit cousin le Conseiller, Messieurs, ne lui direz-vous rien?

MARTON, *bas.*

Je m'étonnois qu'il l'oubliât.

LE MARQUIS.

Si vous avez des procès, il vous les jugera. Saluez-le donc, allons.

LE COMMANDEUR.

De toute mon ame. A toi la balle, Comte.

LE COMTE.

J'y suis Commandeur.

LE MARQUIS.

C'est le meilleur petit caractere que je connoisse. J'épouse sa Maîtresse, eh bien, il soutient cela en heros.

DAMIS *bas.*

Nous verrons.

LE COMMANDEUR.

Malepeste! cela s'appelle sçavoir prendre son parti.

LE COMTE.

J'en suis à Madame la Marquise.

BENJAMINE.

Cette qualité ne m'est pas dûe.

LE COMTE.

Oh! pardonnnez-moi, & si M. le Marquis ne vous épouse pas, je vous épouserai moi.

BENJAMINE, *bas.*

Je merite bien cela.

LE COMMANDEUR.

N'avons-nous plus personne à haranguer?

LE MARQUIS.

Non, si ce n'est Marton.

LE COMMANDEUR.

Oui-dà, il faut qu'elle ait aussi sa part. Viens ça.

LE COMTE.

J'ai commencé par elle.

LE COMMANDEUR.

Elle a une mine libertine qui me plaît.

LE MARQUIS.

Sa mine n'est point trompeuse, je gage.

MARTON *bas.*

Voilà pour moi.

SCENE XV.

Les Acteurs de la Scene précédente.

LE NOTAIRE.

M. MATHIEU.

A Notre tour, nous allons voir beau jeu; approchez mon cousin le Notaire.

LE MARQUIS.

Il vient fort bien : Embrassons mon Cousin le Conseiller Garde-note. Ne trouvez-vous pas, Messieurs, qu'il a une physionomie bien avantageuse?

LE NOTAIRE.

Laissons-là ma phisionomie, Messieurs; vous vous moquez de moi sans doute, mais il n'est pas tems de rire : Voilà le contrat qu'il est question de signer.

LE COMMANDEUR.

Monsieur le Notaire a raison. Oui, signons, nous rirons bien davantage après. *tout le monde signe.*

DAMIS.

Souffrez qu'à mon tour, Messieurs, je vous prie à ma nôce.

LE COMTE, *riant.*

Plaît-il.

LE MARQUIS, *riant.*

Comment? comment? Qu'est-ce à dire,

LE COMMANDEUR, *riant.*

Il y a du mal entendu.

Me. ABRAHAM.

Cela veut dire M. le Marquis qu'il y a long-tems que nous servons de jouet.

LE MARQUIS.

Je ne vous entends pas. Expliquez-moi cette énigme.

MARTON.

Le mot de l'énigme est, que votre coureur a donné par méprise, ou peut-être par malice, à Mademoiselle, une lettre que vous écriviez à un Duc de vos amis....

Me. ABRAHAM.

Et que je ne veux pas que vous vous encanailliez.

LE COMMANDEUR, *riant.*

Ah! ah Marquis, tu ne feras pas marié.

LE COMTE.

Il ne faut, morbleu, pas en avoir le démenti.

LE MARQUIS.

Parbleu, mes amis, voilà une royale Femme que Madame Abraham? Je ne connoissois pas encore toutes ses bonnes qualités. Je m'oubliois, je me deshonorois, j'épousois sa Fille; elle a plus de soin de ma gloire que moi-même; elle m'arrête au bord du précipice. Ah! embrassez-moi, bonne Femme, je n'oublierai jamais ce service. Mais vous payerez le dédit, n'est-ce pas?

Me. ABRAHAM.

Il le faut bien, puisque j'ai été assez sotte pour le faire. Monsieur, je vous rendrai, pour m'acquitter, les Billets que j'ai à vous.

LE MARQUIS.

Ah! Madame Abraham, vous me donnez-là de mauvais effets. Composons à moitié de profit, argent comptant.

M. MATHIEU.

Non, Monsieur, c'est assez perdre.

LE MARQUIS.

Adieu, Madame Abraham; adieu, Mademoiselle Benjamine; adieu, Messieurs; adieu, Monsieur Damis, épousez, épousez, je le veux bien; allons, allons, mes amis, allons souper chez Payen.

SCENE DERMIERE.

Me. ABRAHAM, BENJAMINE, M. MATHIEU, DAMIS, LE COMMISSAIRE, MARTON.

MARTON.

HÉ bien, vous vous promettiez de le berner, c'est encore lui qui se moque de vous.

M. MATHIEU.

Allons, allons achever le mariage, & nous réjouir de l'avoir échapé belle.

MARTON.

Et vous, Messieurs, s'il vous semble que ce soit ici une bonne école, venez y rire.

FIN.

www.ingramcontent.com/pod-product-compliance
Lightning Source LLC
LaVergne TN
LVHW010043230826
846091LV00005B/1849

* 9 7 8 2 0 1 9 3 2 2 7 7 9 *